Thérèse Bentzon

Les Sociétés communistes aux États-Unis

Essai

ISBN : 978-1544154978

10 9 8 7 6 5 4 3 2 1

Thérèse Bentzon

Les Sociétés communistes aux États-Unis

Essai

Table de Matières

Introduction

Un voyage d'exploration à travers des utopies devenues réalités, il y a là de quoi tenter notre curiosité. Ce que vient de publier M. Charles Nordhoff n'est point en effet une fiction littéraire à la façon du *Voyage en Icarie* de Cabet : c'est le résultat d'une tournée consciencieuse, entreprise à travers les établissements communistes de l'Amérique, et les renseignements du voyageur sont précis comme une statistique. Parti de l'état du Maine, au nord, il est descendu vers le sud jusqu'au Kentucky et s'est enfoncé à l'ouest dans l'Oregon, en séjournant assez longtemps chez les *inspirationistes*, les *harmonistes*, les *séparatistes*, les *perfectionnistes*, les *trembleurs*, etc., pour pouvoir se rendre compte de l'organisation de chaque société, des causes principales de sa prospérité ou de sa décadence.

Déjà M. Hepworth Dixon, dans un ouvrage plus attrayant que profond, avait donné l'ingénieuse esquisse des deux systèmes opposés mis en pratique parmi les *shakers* et les membres de la *société du libre amour*;[1] ce premier aperçu ne pouvait manquer d'exciter la curiosité au sujet d'un ordre de choses auparavant inconnu, que la plume brillante du voyageur anglais avait peut-être fardé de couleurs un peu romanesques ; c'est le talent, parfois le défaut de M. Dixon de pousser la subtilité comme le génie de l'investigation à la dernière limite, de trouver aux moindres phénomènes de grandes causes. Sublimes aspirations chrétiennes, besoin généreux de secouer l'égoïsme des conventions sociales pour s'élever jusqu'à la loi divine, souci particulier des droits de la femme et du grand problème de l'égalité des sexes, fusion du principe religieux et de la vie sociale en un mot, telles étaient les bases que l'auteur de *New-America* prêtait à la formation des sociétés diverses qui composent aujourd'hui soixante-douze communes dispersées dans treize états et comprenant cinq mille membres environ. M. Nordhoff simplifie beaucoup cette vaste utopie ; selon lui, la charte des sociétés communistes est, dans son acception la plus stricte, ce tableau que fait saint Luc de l'église primitive : « et tous ceux qui croyaient vivaient ensemble et avaient toutes choses en commun ; ils vendaient leurs biens et les partageaient entre tous les hommes selon les besoins

---

1 Voyez, dans la *Revue* du 1ᵉʳ mai 1868, *la Vie sociale en Amérique*, par M. É. Montégut.

Thérèse Bentzon

de chacun. »

Parmi ceux qui mettent cet exemple des premiers chrétiens en pratique, il y a sans doute des âmes saintes emportées par les motifs les plus purs vers les hauteurs du sacrifice et la pratique de vertus monastiques apparemment inconciliables avec le protestantisme ; mais le grand nombre, comme il arrive dans toutes les sociétés possibles, recherche, outre la fin spirituelle, une vie facile, un travail modéré et l'égalité des conditions. Au fond, l'on découvre, mêlé parfois à des théories esséniennes, le système des égaux qui scandalisa notre vieux monde dès le XVIIIe siècle, et qui est ressuscité depuis sous tant d'aspects, tantôt grotesques, tantôt impraticables, pour inspirer tout récemment encore des excès monstrueux ; mais ce qui dans notre vieille Europe ne pouvait produire que des violences funestes aux intérêts de la civilisation est devenu possible dans les déserts du Nouveau-Monde, où rien ne s'oppose à l'épanouissement de la vie primitive, surtout lorsqu'elle s'appuie sur l'esprit de résignation et de discipline volontaire, qui est celui du christianisme. Les communistes américains ont su transformer le péril en bienfait, l'instrument de destruction en instrument de travail : c'est autour d'une église que se sont groupés ceux que ne satisfaisait pas la civilisation actuelle, c'est à force de vertu, d'industrie, d'honnête persévérance, qu'ils ont prouvé qu'une chimère bafouée autant que redoutée pouvait devenir non pas seulement réalité, mais réalité utile et profitable. Au lieu de brandir le fer ou d'allumer le pétrole, ils ont pris pour emblème une charrue et la croix du Christ. Se multiplieront-ils rapidement ? L'expérience de près d'un siècle n'autorise pas à le supposer ; cependant leur petit cercle subsistera, les faits en portent témoignage, paisible, heureux, suffisamment riche, offrant à tous ceux que révolte la condition de travailleurs gagés un refuge assuré où les attend l'indépendance, et où règne un esprit absolument opposé à l'esprit des compagnies ouvrières, des associations internationales. Celles-ci éternisent sous de faux semblants la dépendance du mercenaire en lui proposant pour but unique une pression sur le maître afin d'obtenir de plus gros salaires ; M. Nordhoff les considère, non sans raison, comme funestes à la prospérité générale et comme une cause inévitable de corruption en matière politique ; elles conduisent au mépris du droit, favorisent l'envie, la haine et la violence. Les *trade-unions*, devenues une puissance formidable en Angleterre et aux États-Unis, n'ont servi jusqu'ici qu'à désorganiser le travail : au contraire les sociétés communistes, existant depuis vingt-cinq, cinquante ou même quatre-vingts ans, et ayant toutes commencé avec de faibles ressources, donnent l'exemple d'une prospérité matérielle qui n'a d'égale que la considération morale dont elles jouissent. Le meilleur moyen de se rendre compte de cette différence est, croyons-nous, de suivre M. Nordhoff dans son voyage, de recueillir avec lui les renseignements fournis par chaque commune et de comparer les systèmes mis en pratique par telle ou telle secte, ainsi que les résultats obtenus. Cette étude offrira d'autant plus d'intérêt à ceux que la force brutale, la tyrannie de l'argent, l'excessive confiance en soi-même, la fièvre du gain, si vivement peintes par M. Hepworth Dixon dans la *Nouvelle-Amérique* et depuis par Mark Twain dans *l'Age doré*,[1] ont rendus, désireux de connaître les meilleurs côtés de la société américaine, l'âme de ce foyer immense où trouvent place tant de choses bonnes et mauvaises, grandes et puériles, que nous n'avons pu encore approfondir ou seulement soupçonner.

Section I

Les *trembleurs* (*shakers*) doivent être cités d'abord, puisqu'ils forment la plus ancienne et la mieux organisée des sociétés communistes : la cité-mère, *Mount-Lebanon* (Mont-Liban), fut fondée en 1792 et est encore florissante. Les trembleurs comptent dix-huit sociétés répandues dans sept états, et, comme chaque société renferme plusieurs familles, que chaque famille est, à proprement parler, une commune distincte, on peut dire qu'il y a en Amérique cinquante-huit communautés de shakers composant une population de 2,415 âmes. Le fond de leur croyance est une continuelle communion entre eux et le monde des esprits ; ils pensent que le Christ est apparu pour la seconde fois ici-bas sous la figure de leur fondatrice Ann Lee, une pauvre Anglaise ignorante, fille d'un forgeron de Manchester, qui prêcha trop ardemment peut-être la chasteté, base, selon elle, de toutes les vertus. Ann et ses parents s'étaient joints à quelques membres de la Société des Amis que certaines manifestations de ferveur extraordinaire qui ressem-

1 Voyez la *Revue* du 15 mars 1875.

Thérèse Bentzon

blaient à un violent tremblement avaient fait nommer *shaking qua-kers* (de *shake*, trembler). Ces prétendus saints furent persécutés, Ann elle-même mise en prison. Pendant sa captivité, elle eut des visions, des révélations, et, redevenue libre, elle alla jusqu'à déclarer que le seul moyen d'être sauvé était de renoncer à l'œuvre qui motiva la mort du premier homme, que le serpent avait supplanté Adam après sa chute, et que les générations actuelles descendaient d'une bête infernale, — théorie qui a quelques rapports avec celle du Talmud concernant Caïn. — La régénération ne peut s'accomplir que par une victoire absolue sur tous les appétits de la chair ; à ce prix et à la condition de vivre séparée des pécheurs, la société unie des croyants forme l'unique église véritable, l'église millénaire de la dernière dispensation, possédant le don de guérir et celui des miracles en général. Il n'est pas étonnant que le mari d'Ann Lee se soit détaché d'une femme qui semble avoir eu toujours l'horreur invincible du lien conjugal.

En 1773, le nouveau messie s'imagina recevoir d'en haut l'ordre de partir pour l'Amérique avec ses partisans. Ann Lee avait prédit l'indépendance des colonies, la liberté de conscience qui en résulterait ; la seconde église chrétienne, composée de huit personnes, émigra donc sans crainte, et supporta, soutenue par une foi invincible, toutes les épreuves de la pauvreté. Elle finit par défricher un certain espace de terre dans les bois de Niskeyuna pour se fixer enfin à Watervliet (Albany) au mois de septembre 1775 ; mais ce ne fut qu'en 1780 qu'il lui vint des adhérents à la suite d'un *revival*[1] qui réunit au Nouveau-Liban un nombre considérable de visiteurs, principalement des baptistes. Quelques-uns tombèrent par hasard au milieu de la petite colonie dont la mère Ann était le chef ; la doctrine de renoncement qui leur fut prêchée les exalta et se répandit rapidement sur la frontière du Massachusetts et du Connecticut, où se trouve le Nouveau-Liban. La mère Ann voyageait d'un endroit à un autre, prêchant, conseillant, guérissant les malades, dénonçant les péchés secrets, n'imposant à ses adeptes d'autre loi que le célibat, et comme condition expresse d'admission la confession orale des péchés passés devant témoins en signe de repentir ; mais à ceux qui, en se confessant, imploraient son par-

---

1 Campements religieux, proches prolongés pendant des semaines en plein air au fond des bois.

don : — C'est à Dieu que vous vous confessez, c'est lui qui vous pardonnera, disait-elle, je le lui demande du fond du cœur ; je ne suis que sa servante comme vous. — Cette humble femme, qui ne savait ni lire ni écrire, avait le jugement le plus sain et le plus élevé, une figure noble, régulière et douce, des manières simples et dignes. On cite d'elle quelques maximes vraiment remarquables : — Que vos mains soient au travail, vos cœurs à Dieu ; — ne parlez jamais à vos enfants quand vous êtes en colère, car c'est faire entrer en eux le mauvais esprit. — Ses leçons édifiantes se mêlaient toujours à d'excellents avis pour les travaux des champs, ce qui lui donnait un ascendant facile à comprendre sur son peuple, composé de fermiers et de laboureurs.

L'*ancien* James Whittaker, le père James, comme on l'appelle, les noms de famille n'ayant pas cours parmi les *shakers*, l'un des compagnons de la mère Ann, lui succéda en 1784, pour être remplacé après sa mort par Joseph Meacham, à qui l'on associa Lucy Wright. Celle-ci resta seule, de 1796 à 1821, à la tête de la société ; sous son administration, les sociétés de *shakers*, déjà nombreuses, se multiplièrent encore. La première année du siècle fut marquée par des *revivals* d'un intérêt tout particulier, où se passèrent des scènes renouvelées de nos convulsionnaires. Le peuple y affluait par milliers : hommes, femmes, enfants, dans le Kentucky, tombaient en écumant avec des cris et des larmes ; la vie restait suspendue chez quelques-uns, réduits à l'état de cadavres, jusqu'à la fin de ce qu'on croyait être une manifestation de l'esprit. Apprenant ces merveilles, les trembleurs du Nouveau-Liban envoyèrent trois missionnaires aux camps *revivalistes* qui, ayant franchi à pied un millier de milles, firent sur leur passage de nouvelles conversions ; ils prêchaient, entre autres dogmes, le dualisme d'un dieu à la fois mâle et femelle, comme devait l'être le premier homme, créé à l'image de Dieu ; ils disent que le Christ était un esprit et l'un des plus grands, apparu d'abord en la personne de Jésus, puis sous la figure d'Ann Lee, représentant ainsi chacune des deux substances mâle et femelle de Dieu ; ils rejettent la doctrine de la trinité, nient la mort, ce qui les empêche de croire à la résurrection et à l'expiation des péchés, n'adorent ni Jésus-Christ ni Ann Lee, qu'ils se bornent à vénérer comme des anciens de l'église. Ils ne condamnent pas le monde extérieur ; le mariage et la propriété individuelle, qu'ils s'interdisent, sont non pas des crimes à leurs yeux, mais les signes d'un ordre de société inférieur qui trouvera dans l'autre monde, comme ici-bas, le moyen de se purifier. Ils sont spirites et croient converser face à face avec les morts ; en 1838 surtout, des manifestations du monde invisible se produisirent parmi eux : tantôt c'était des enfants qui tombaient sans connaissance pendant que sur leurs lèvres se succédaient les questions et les réponses touchant des sujets mystérieux, tantôt les frères ou les sœurs étaient emportés dans des danses quasi aériennes, parlaient de nouvelles langues ou prophétisaient. La révolution française de février 1848 fut annoncée ainsi, mais en termes suffisamment obscurs, croyons-nous.

Malgré les illusions et les superstitions qui l'entachent, la doctrine des trembleurs conduit ses adeptes, il faut l'avouer, à de grandes vertus. Ces sectaires sont renommés pour leur honnêteté scrupuleuse dans les transactions commerciales, pour leur charité envers tous, amis et ennemis, pour leur tempérance, les soins touchants qu'ils ont des malades, des vieillards et des abandonnés. Ils n'acceptent de nouveaux membres qu'avec une grande prudence et les envoient d'abord au noviciat, qui a plus de rapports que l'église proprement dite avec le monde extérieur, où la société compte quelques affiliés, retenus par des considérations soit d'affaire, soit de famille, tout en suivant la règle.

La famille ou commune se compose ordinairement de quatrevingts ou quatre-vingt-dix personnes de tout âge, habitant la même maison. Chaque famille est dirigée par deux anciens, un homme et une femme, et la société tout entière par un ministère qui compte ordinairement quatre membres de chaque sexe : on exige d'eux une réputation sans tache et une grande expérience des choses spirituelles. Ils confient aux frères et sœurs tels emplois qu'ils les jugent dignes de remplir, et se perpétuent eux-mêmes en nommant leurs successeurs. Jamais les membres de la société ne sont consultés, le ministère décide de tout, et est supposé recevoir d'en haut les révélations nécessaires. Le travail manuel est si rigoureusement prescrit aux *shakers* que les chefs eux-mêmes, les quatre anciens qui forment le ministère de Mount-Lebanon, exercent la profession de vanniers ; ils ont une petite boutique à part près de l'église. La propriété de chaque société est pour plus de commodité entre les mains d'administrateurs, mais chacune des familles qui composent la société tient ses comptes et fait ses affaires séparément.

Les membres de la famille se lèvent à quatre heures et demie en été, à cinq heures en hiver ; à neuf heures et demie du soir, tous les feux sont éteints. Réunis dans la même salle, les hommes à une table, les femmes à une autre, les enfants à la troisième, ils prennent les trois repas du jour en silence ; avant et après, ils s'agenouillent un instant, cérémonie répétée quand ils se lèvent et se couchent. Chaque frère est confié à une sœur qui prend soin de ses vêtements, de son blanchissage, de ses besoins temporels en général. Les sœurs servent à la cuisine l'une après l'autre un mois de suite ; on les emploie en assez grand nombre pour que le travail n'ait rien de fatigant. La nourriture est simple, mais suffisante : jamais de porc ; il n'y a que fort peu de *shakers* qui mangent de la viande, et un grand nombre s'interdit tout ce qui sort des animaux : le lait, le beurre, les œufs, ce qui ne les empêche pas d'être robustes. Ils font une grande consommation de fruits ; leurs jardins potagers, leurs vergers, sont admirables.

Après le déjeuner, qui a lieu à six heures, les surveillants subordonnés aux diacres conduisent leurs employés respectifs à l'ouvrage. Au moment de la moisson, quand on a besoin de bras supplémentaires, il est aisé d'en trouver dans les différons corps d'état ; les femmes ne font aux champs aucune besogne rude. Règle générale, les trembleurs, quelque industrieux qu'ils soient et attentifs à ne jamais perdre une minute, ne se surchargent point de travail ; ils n'ont aucune hâte de s'enrichir, l'économie leur tient lieu d'effort, le nombre des travailleurs allège leur tâche, qui devient un plaisir, tous y ayant un égal intérêt.

Les soirées sont remplies par telles récréations qu'ils considèrent' comme inoffensives ; en général, ils ne se permettent pas la musique instrumentale, et passent beaucoup de temps à répéter des hymnes qu'ils déclarent recevoir incessamment du pays des esprits. Un *meeting* d'un genre ou d'un autre, réglé d'avance, a lieu tous les soirs ; à Mount-Lebanon, ils lisent le lundi des articles de journaux choisis ; les crimes et les accidents sont élagués comme malsains, et le choix des lectures se porte de préférence sur les découvertes scientifiques, les nouvelles publiques et les événements généraux du monde extérieur. C'est l'ancien qui fait les extraits.

Thérèse Bentzon

Dans le service religieux des *shakers*, il y a peu ou point de prières articulées ; l'aspiration mentale leur paraît suffisante, ils ne veulent que « marcher avec Dieu comme avec un ami, » et la prière intérieure n'interrompt pas le travail. Le service du dimanche se compose d'exercices curieux : les hommes s'alignent en face des femmes par rang d'âge, et, une hymne ayant été chantée, l'ancien prononce un bref discours sur les devoirs d'une vie sainte ; l'ancienne reprend le même sujet, puis les rangs se rompent, et une douzaine de fidèles formant un carré séparé entonnent un joyeux cantique auquel se joignent tous les autres ; ils marchent pendant ce temps autour de la chambre d'un pas rapide et frappent dans leurs mains à fréquents intervalles. Des discours, des chants, des danses qui rappellent celle de David devant le Seigneur, interrompent cette marche ; parfois l'un des membres, sous l'empire d'une tribulation quelconque, demande les prières de ses frères, ou bien un autre s'avance devant l'ancien et l'ancienne et se met à tourner comme un derviche, ou bien encore un conseil, un avertissement venant du monde invisible part de la bouche de quelqu'un ; il arrive aussi que tel esprit demande des prières, et alors l'assemblée tout entière s'agenouille. En priant et en dansant, les *shakers* étendent leurs mains devant eux pour recueillir les bénédictions ; de même, lorsqu'un *shaker* sollicite des prières, les autres font le mouvement de pousser devant lui ce qu'il désire. Tout ceci s'exécute avec beaucoup d'ordre et de précision.

Quiconque veut devenir *shaker* doit, après un assez long noviciat, arranger ses affaires et ne rien laisser en souffrance derrière lui. Il faut qu'il paie ses dettes, qu'il obtienne le libre consentement de sa femme, ou, s'il s'agit d'une femme, qu'elle obtienne le consentement de son mari à la séparation obligatoire ; il faut enfin assurer le sort des enfants, soit qu'ils entrent dans la société, soit qu'ils restent dans le monde. C'est un principe de foi que ceux qui sont reçus comme membres de l'église se consacrent avec tout ce qu'ils possèdent au service de Dieu pour toujours. En conséquence, le néophyte apporte avec lui sa fortune ; mais, tant que durent les épreuves, il ne la donne pas sans réserve. Pourvu qu'il travaille et ne demande point d'intérêts ni de salaire, on lui permet de rester (il y a des *shakers d'hiver* qui s'en vont après la mauvaise saison) ; mais, quand il se décide à entrer dans la plus élevée des deux classes de la société, celle qu'on nomme l'ordre de l'église, force lui est de donner jusqu'au dernier sou sans possibilité de jamais rien reprendre.

Ce fut par une froide journée de décembre, raconte M. Nordhoff, que je fis ma première visite à une famille de *shakers*. J'étais attendu, la porte s'ouvrit au moment même où je l'atteignais, un frère prit, en me saluant sans prononcer un mot, le sac que je tenais, et me fit signe de le suivre. Nous traversâmes une galerie où de nombreuses chevilles maintenaient des chapeaux, des manteaux et des châles accrochés au mur, puis une salle à manger vide et enfin une cour de derrière par laquelle nous gagnâmes une autre maison. Là, mon guide me souhaita la bienvenue dans la salle des visiteurs. « C'est ici, ajouta-t-il, que vous resterez ; un frère viendra tout à l'heure s'entretenir avec vous. » Il me laissa seul, et j'examinai à loisir la chambre où je me trouvais : un peu basse de plafond, elle était chauffée par un calorifère d'un modèle particulier, et n'avait en fait de meubles qu'une demi-douzaine de chaises, un lit ou plutôt un cadre susceptible de se replier durant le jour, un miroir, un crachoir et une table. Le plancher, d'une propreté hollandaise, était couvert de tapis non cloués, car les trembleurs ne redoutent rien autant que la poussière et ne lui laissent aucun coin pour se nicher. Des plumeaux, des balais, de petites pelles, sont accrochés auprès du poêle ; tout est scrupuleusement lavé, frotté, net en un mot. Sur la table se trouvaient un certain nombre de livres et de journaux *shakers*, dans un coin la cloche qui appelle le visiteur à ses repas. Je remarquai aux fenêtres les moyens de ventilation les plus ingénieux. Tandis que j'admirais, on vint frapper à la porte, et un grand jeune homme élancé se présenta comme le frère qui devait prendre soin de moi pendant mon séjour. C'était un Suédois, ancien étudiant à l'université de sa ville natale. Garçon intelligent et de bonne famille, son attention avait été attirée sur les trembleurs par le livre de M. Dixon, *la Nouvelle-Amérique* ; il était venu étudier lui-même cette société, l'avait trouvée à son goût, et y était resté depuis. Ce jeune homme avait le teint frais comme l'ont la plupart des *shakers*, les cheveux coupés à la mode de l'ordre, droits sur le front tandis qu'ils restent longs par derrière. Il portait l'ample habit gris-bleu, le col sans cravate et le chapeau blanchâtre à larges bords. Sa voix était douce et basse, sa physionomie souriante, tous ses mouve-

Thérèse Bentzon

ments silencieux et réservés ; quoiqu'il fût d'une franchise toute communicative, on devinait cependant l'homme qui se tient en garde contre le monde, avec lequel il est déterminé à n'avoir rien de commun. Je trouvai tous les trembleurs semblables à celui-là, polis, patients, évitant le bruit partout, excepté pendant leurs offices religieux, d'une propreté recherchée, et occupés chacun de ses propres affaires. D'abord j'avais attribué le calme tout dominical qui régnait dans la maison à des préparatifs de funérailles auxquels on vaquait en effet, mais cette tranquillité est l'état habituel d'un intérieur de *shakers* ; le bourdonnement qui accompagne d'ordinaire le travail y est inconnu, bien qu'ils travaillent toujours.

Tandis que le frère suédois, en réponse à mes questions, me donnait quelques détails sur lui-même, survint l'ancien Frédéric, chef de la « famille du nord » à Mount-Lebanon et le plus connu des trembleurs, parce qu'il a été envoyé plus souvent qu'aucun autre dans le monde pour y faire connaître les doctrines de la société. Frédéric W. Evans est Anglais de naissance, il compta parmi ceux qui luttèrent au vieux temps pour les réformes agraires, les droits du travail et contre certains monopoles. Il fut socialiste dès sa première jeunesse, et, après divers essais dans d'autres communautés, finit par visiter Mount-Lebanon, qu'il habite depuis quarante-cinq ans. Il en a maintenant soixante-six, on lui en donnerait cinquante à peine : il a lu et sait parler avec assez d'éloquence pour être partout un instrument utile ; aux yeux de sa secte, c'est un homme supérieur, un orateur, un écrivain. L'enthousiasme se joint chez lui à la logique et au bon sens ; du reste, son idée fixe est d'appliquer ce qu'il possède de science à la prolongation de l'existence humaine. Grand, légèrement voûté, il a une physionomie à la fois sympathique et vénérable. Ce fut lui qui me fit les honneurs de l'établissement : le Mont-Liban est merveilleusement situé à deux milles et demi des sources du même nom parmi les collines du Berkshire. La vue y est étendue, variée, l'air pur et fortifiant, l'eau abondante. Jamais société ascétique ne choisit pour asile ici-bas un lieu plus paisible et plus charmant. Le premier bâtiment qui frappe vos yeux en arrivant est l'immense grange, l'une des plus parfaites qui existent pour l'aménagement intérieur ; ensuite on aperçoit la boutique des sœurs, consacrée aux industries féminines, et, sur le même niveau, la maison de la famille du nord, haute de cinq étages comme la grange. Derrière ces constructions, qui ouvrent toutes directement sur la route, il y a un corps de logis séparé pour les visiteurs, qui pendant leur séjour sont priés de se conformer aux règlements essentiels de l'ordre ; c'est là aussi que résident les aspirants au titre de trembleurs pendant l'épreuve préalable à leur réception, puis viennent un énorme bûcher, des remises, la boutique des frères, la buanderie, la scierie, le moulin et le grenier, auquel est joint le logement des travailleurs étrangers, ceux-ci à gages.

Un quart de mille plus loin habite une autre famille, autour de l'église, dont elle porte le nom, et que l'on reconnaît à son toit, semblable au couvercle d'une chaudière. Les familles se succèdent ainsi, chacune ayant ses intérêts séparés et formant une commune distincte avec ses industries particulières et son organisation spéciale. Toutes les constructions sont vastes et commodes sans aucune prétention à la beauté, faîtes en bois à Mount-Lebanon, en pierre ou en brique dans d'autres établissements.

J'assistai aux funérailles d'une femme qui venait de mourir. Frères et sœurs entrèrent rapidement dans la salle d'assemblée et se placèrent par rangs, les sœurs d'un côté, les frères de l'autre, tous debout. Un bref discours de l'ancien Frédéric ouvrit le service, puis on chanta, quelques-uns des assistants parlèrent à leur tour, on pria l'âme envolée de se communiquer, et un médium prononça quelques mots apparemment venus d'elle, puis des vers en mémoire de l'absente furent lus par une des sœurs, après quoi l'on se sépara. Le corps fut placé dans la galerie, où chacun put aller le contempler une dernière fois. L'ancien Frédéric m'expliqua par la suite que les *shakers* existaient par milliers dans le monde spirituel.

— Je sus en revanche que les sociétés terrestres de *shakers* n'avaient pas augmenté depuis quelques années ; la guerre leur a enlevé bon nombre de membres, beaucoup de jeunes gens étant emportés malgré tout par l'esprit belliqueux, et les nombreuses adoptions d'enfants n'ayant pas porté les fruits qu'on en attendait. Soit curiosité, soit amour du gain personnel, on quitte le bercail : aussi les *shakers* élèvent-ils désormais beaucoup moins d'enfants ; le meilleur âge pour les conversions est de vingt à vingt-deux ans quand le mépris du monde, que l'on connaît déjà, se joint à l'énergie de la jeunesse. Jamais les *shakers* ne sacrifient leurs principes à cette fureur de prosélytisme trop commune dans toutes les sectes ; ils

Thérèse Bentzon

comptent sur les *revivals* pour leur susciter des adhérents. « L'esprit et les dons de Dieu travaillent pour eux au dehors ; » aussi sont-ils en bons termes avec tous les gens religieux, à quelque communion que ceux-ci appartiennent.

Une règle inflexible favorise l'expulsion rapide de quiconque se joindrait à eux pour des motifs indignes. La confession des péchés et le célibat forment le fond de leur doctrine. Quant à la chasteté absolue, ils sont persuadés que c'est un principe d'hygiène et un brevet de longévité ; vraiment ils ont lieu de le croire d'après leurs statistiques. « Tout homme qui vit comme nous vivons, me dit l'ancien Frédéric, a le droit de n'être pas malade avant soixante ans ; s'il souffre plus tôt, c'est sa propre faute. J'ai consacré ma vie à faire connaître aux nôtres les véritables lois physiologiques ; nous ne sommes pas encore parfaits sous ce rapport, mais nous faisons des progrès. Autrefois les cas de fièvre étaient fréquents, ils ont presque disparu aujourd'hui, et le choléra n'est jamais entré dans un village de trembleurs. » L'une des « familles » de Mount-Lebanon a construit cependant un hôpital, mais jusqu'à présent cet hôpital est vide.

Parmi les membres de la société, il y a des gens de toute profession : des prêtres, des hommes de loi, des marchands, des médecins, des étudiants, des fermiers, des marins, des artisans, des militaires, mais surtout des prédicateurs. Il y en a de toutes les religions, sauf des catholiques romains, on y trouve même des Juifs ; mais ce sont les baptistes, les méthodistes et les presbytériens qui fournissent les plus nombreuses recrues. Les *shakers* n'ont jamais repoussé les gens de couleur, s'étant dès le début prononcés avec énergie contre l'esclavage. Longtemps avant l'émancipation, des propriétaires d'esclaves, pour entrer dans la société, durent affranchir leurs nègres, qui devinrent *shakers* en grand nombre. De l'avis unanime, toute commune, pour prospérer, doit être fondée sur les travaux agricoles ; ceux des manufactures sont beaucoup moins propices à l'esprit de communauté. Au début, les sociétés trembleuses tendaient à posséder le plus de terre possible, et le fruit de leurs économies était consacré à en acquérir ; mais un projet de loi fut proposé, il y a quelque vingt ans, au corps législatif de New-York pour déterminer la quantité de terre que devaient posséder les trembleurs. et jusqu'au nombre de leurs apprentis ; le projet de loi ne passa pas du reste, et d'eux-mêmes ils convinrent de s'imposer certaines limites. Néanmoins toutes les sociétés de trembleurs ont la réputation d'être riches ; elles louent en dehors du cercle de la communauté des terrains qui sont exploités par des ouvriers à gages. L'ancien Frédéric me parut désapprouver au point de vue moral ce travail extérieur.

Nombre d'anciens assurent avoir atteint dans leur vie quotidienne la perfection même ; l'un d'eux me déclara que depuis des années il pouvait dire à ceux qui le connaissaient, comme Jésus aux pharisiens : « Qui d'entre vous me convaincra de péché ? » Si une faute a été commise, on doit la confesser aussitôt à un ancien ou une ancienne selon le sexe du pécheur. Supposons quelque accès de colère ou seulement d'impatience, on ne doit pas venir à l'église avant de l'avoir avoué en demandant pardon aux objets et aux témoins du scandale.

Les *shakers* lisent peu en vertu du principe : quand un homme acquerrait toute la science de l'univers, il ne pourrait par là se délivrer du péché. La bibliothèque de l'ancien Frédéric ne contient que quelques livres traitant de problèmes sociaux ou de lois physiologiques. Le frère suédois, qui a étudié, me dit qu'il ne lui avait pas fallu beaucoup de temps pour perdre l'habitude des livres et qu'il ne les regrettait pas. Un vieil Écossais, qui dans le monde s'était occupé de chimie, me dit qu'il avait encore une prédilection pour les nouvelles découvertes qui se faisaient dans la science, mais qu'après réflexion il s'était décidé à tourner les facultés de son esprit vers de plus hautes questions utiles à la société. Depuis quarante ans, il est trembleur. « Eh bien ! lui dis-je, votre vie, lorsque vous la repassez en vous-même, vous satisfait-elle ? » Il me répondit sans hésitation et avec une évidente sincérité : « Certainement j'ai réalisé les plus hautes aspirations dont mon esprit fût capable. Tel que je suis, j'eusse été déplacé dans le monde et malheureux, parce que tout s'y serait passé contrairement à mes idées du droit et du juste. Ici j'ai trouvé ma place. » Au sujet des constructions, qui ne sont qu'autant de ruches humaines d'une excessive simplicité, je demandai à l'ancien Frédéric s'ils n'auraient jamais plus de souci des beautés architecturales. « Ce que vous appelez le beau, me répondit-il, est anormal et absurde ; il n'a rien à faire ici. L'homme de Dieu n'aura pas le droit de gaspiller de l'argent à cet effet tant qu'il existera des pauvres. » Dans les tableaux, il ne voyait que les cadres, et ceux-ci lui faisaient l'effet de boîtes à poussière.

Les *shakers* ont étudié avec attention l'ancienne politique juive. Ils la louent comme très supérieure à l'ordre de choses qui prévaut dans le monde prétendu civilisé. L'égalité des sexes est fortement soutenue par eux, et il n'est pas de fonctions auxquelles les femmes ne leur paraissent aussi aptes que les hommes. Seulement ils jugent avec sagesse que le goût naturel des femmes les fixe ordinairement au logis, tandis que celui des hommes les emporte au dehors, et qu'il n'y a aucune raison de contraindre ni les uns ni les autres. Le célibat leur impose d'ailleurs certaines précautions ; jamais les frères et sœurs n'ont entre eux aucun contact matériel, ils ne toucheraient même pas un animal sans nécessité ; si par politesse une poignée de main est échangée d'homme à femme avec quelque visiteur étranger, il faut en avertir les anciens avant la prière. Ni les travaux ni les repas ne mêlent jamais les sexes, même dans l'enfance ; ils échangent des visites à intervalles prescrits, et n'ont garde de se départir d'une grande réserve, évitant le bavardage inutile, surtout la médisance. — Si tu n'as rien de bon à dire du prochain, tais-toi, — est une maxime de trembleur. Le costume des femmes est calculé de manière à ne pas les embellir et à rendre les différences d'âge presque insensibles. Il se compose d'un ample fichu, d'une robe toute droite à plis nombreux et d'un bonnet semblable à celui de quelques-unes de nos religieuses, qui cache une partie du visage ; pour sortir, elles y ajoutent un chapeau très profond qui les abrite contre le soleil.

Les animaux favoris sont défendus, sauf les chats, qui détruisent les souris. Fumer est interdit du consentement général, et, bien que la chique soit tolérée, on voit de vieux pêcheurs, endurcis depuis cinquante ans et plus dans cette habitude, y renoncer par esprit de mortification. Comme le dit l'ancien Frédéric, « tout le monde n'est pas appelé à la vie divine. » Pour quiconque n'a pas le mépris complet du monde, le régime des trembleurs serait insupportable.

Les membres de chaque famille se partagent les travaux du ménage. Il n'y a pas de domestiques. Dans une communauté, l'essentiel est de savoir toujours où se trouve chacun ; c'est le devoir de l'ancien d'être au courant. Si un frère n'assiste pas à l'office, il doit prévenir l'ancien.

Une grande importance est accordée aux moindres détails. Par exemple pour leurs *meetings* les frères et sœurs ont des semelles de cuir souple sans clous ni chevilles, afin de ne pas salir ni rayer le parquet poli comme un miroir ; ils se défendent de laisser jamais une miette sur leur assiette en vertu des paroles du Christ : « ramassez ce qui reste afin que rien ne soit perdu, » et sont la proie des mendiants, qui reçoivent toujours chez eux, outre la nourriture, assez d'argent pour aller passer la nuit au prochain village, car, règle générale, ils n'aiment pas loger d'étrangers. Leurs manies sont celles de vieilles filles et de vieux garçons. Rien de curieux comme les visites du dimanche soir. Un certain groupe de sœurs est désigné pour rendre visite à un certain groupe de frères : au nombre de quatre à huit, elles s'asseyent en rang d'un côté sur des chaises à dossier droit, chacune avec son mouchoir blanc étalé sur ses genoux. Les frères, en nombre égal, sont assis en face, leur mouchoir déplié aussi sur les genoux. Ils causent gaîment des nouvelles du monde extérieur, des événements du jour, d'opérations agricoles, ils chantent, et la réunion n'est pas sans agrément.

Les renseignements donnés sur Mount-Lebanon peuvent s'appliquer à toutes les autres sociétés de *shakers*. Il n'existe de différences sensibles que dans leurs industries. A Alfred, dans l'état du Maine, fut inventée par un *shaker* la première scie circulaire ; à New-Gloucester, dans le même état, on fabrique des douves qui sont exportées aux Indes occidentales pour les boucauts de mélasse ; l'un des anciens y a inventé aussi une machine à faucher. A Canterbury (New-Hampshire), les sœurs vendent des sirops, des conserves, de la parfumerie, des articles de fantaisie très recherchés ; mais l'agriculture et l'horticulture dominent dans toutes les communes, les soins minutieux du jardinage plaisent aux *shakers*, leurs graines ont une grande réputation. Pendant son séjour parmi eux, M. Nordhoff a fait ample connaissance avec la littérature *shaker* : elle est assez pauvre et consiste en hymnes dictés à leurs médiums, en préceptes de conduite rimes, offerts parfois sous une forme Bâilleuse et humoristique, en comptes-rendus de manifestations et de phénomènes spirituels, etc.. *The Shaker and Shakeress*, journal mensuel, publié par l'ancien Frédéric Evans et l'ancienne Antoinette Doolittle, sert d'organe aux croyances et aux projets de la société ; il n'est pas composé sans talent, mais se borne

Thérèse Bentzon

presque exclusivement aux questions religieuses. D'après les ouvrages des shakers qui ont été répandus dans le inonde, on a pu se
convaincre qu'à de rares exceptions près les esprits n'étaient pas de
grands poètes.

Section II

Comme la société des trembleurs, celle d'Harmonie met aux premiers rangs parmi les vertus l'humilité, la simplicité, le sacrifice,
l'amour du prochain, le travail, la prière et l'examen de soi-même,
prescrivant le célibat et la confession des péchés, mais elle méprise
le spiritisme et attend le nouvel avènement du Christ. Harmonie,
après avoir été très florissante, parait toucher à cette décadence qui
menace toute société laïque dont les membres ne se renouvellent
pas par le mariage.

Le chemin de fer de Cleveland à Pittsburgh longe la rive de l'Ohio
à partir de Wellsville, sur la lisière d'un pays riche en charbon, en
huile, en terre à potier, en pierre à chaux, et qui renferme un grand
nombre de manufactures importantes. Longtemps avant d'arriver
à l'établissement d'Harmonie, l'influence de cette communauté se
fait sentir par le nom des villes : vous apercevez *Freedom* (Liberté),
Jethro, Industry, la distillerie de la Règle d'Or, etc. Le pays cependant a cet air de désordre et de pauvreté particulier au sol qui produit du pétrole et du charbon bitumineux ; puis tout à coup l'aspect
désolé change comme par enchantement : vous voyez de hautes
barrières solides et bien entretenues, des champs admirablement
cultivés, de riches herbages. Si vous demandez à qui appartient
cette région privilégiée, le conducteur vous dira que, sur une étendue de plusieurs milles, la terre est aux *rappistes* d'Harmonie ; leur
ville, Économie, se cache au sein de cette riante culture, dans un
site délicieux, protégé contre les vents d'hiver par des collines, non
loin du fleuve, dont elle embrasse la rive opposée, montagneuse et
pittoresque. Les larges rues d'Économie semblent toutes couron-
nées de verdure, grâce à un arrangement de treilles ingénieux qui
décore leurs maisons, chacune pourvue d'un jardin. Les trottoirs
de briques sont d'une exquise propreté, tous les bâtiments bien
construits, simplement, mais avec goût ; l'eau courante circule dans

les rues : silence et propreté, tels sont les traits distinctifs d'Économie. Jadis cette ville renfermait des manufactures de coton, de
soie et de laine, une brasserie et d'autres industries, mais les plus
importantes se sont arrêtées. Vous ne rencontrez plus çà et là qu'un
vieillard généralement robuste, ou bien quelque matrone de bonne
mine, l'une coiffée d'un grand chapeau à larges bords, l'autre d'une
sorte de bonnet normand ; ils vous saluent en allemand plus souvent qu'en anglais. L'hôtel est vaste, cent personnes tiendraient à
l'aise dans la salle à manger ; mais depuis la création des chemins
de fer on ne s'y arrête plus guère, et c'est une source de richesse
de moins pour la communauté. Quand M. Nordhoff entra une
première fois dans cet hôtel, à sa question : « pouvez-vous me loger ? » le propriétaire répondit : « Cela dépend de la durée de votre
séjour ; nous ne prenons pas de pensionnaires. » Ayant reçu l'as-
surance qu'il ne s'agissait que de rester deux ou trois jours, l'auber-
giste introduisit son hôte dans une chambre, lui recommandant
d'être rentré à onze heures et demie pour dîner, et à quatre heures
et demie pour souper, parce qu'il avait d'autres personnes à nourrir
après lui. — M. Nordhoff comprit un peu plus tard le but de cette
recommandation et celui de l'existence même de l'hôtel d'Économie. Après son repas substantiel et abondant selon la mode allemande, la salle commune fut ouverte à la plus singulière collection
de convives ; c'étaient des passants de toute sorte, ouvriers sans
ouvrage, mendiants estropiés, vagabonds, quelques-uns de fort
mauvaise mine, mais à qui les harmonistes n'auraient jamais l'idée
de refuser le souper et le gîte. On nourrit tous les jours à l'hôtel une
vingtaine de misérables sans leur demander autre chose que leur
nom pour s'assurer que les mêmes ne reviennent pas tous les jours.
Après le repos de la nuit, on les invite à des ablutions, après quoi
ils reçoivent un déjeuner, quelquefois des vêtements, et continuent
leur route.

« N'êtes-vous pas souvent dupes ? demanda M. Nordhoff.» — Oui
probablement, mais mieux vaut donner à douze indignés que refuser à un honnête homme. »

Il ne reste de la société fondée par George Rapp en 1805 que cent
dix personnes, dont aucune n'a moins de quarante ans. Une tren-
taine d'enfants ont été adoptés par les derniers rappistes, qui en-
tretiennent aussi un certain nombre de laboureurs à gages. Toute

Thérèse Bentzon

la population est allemande ; c'est en allemand que se célèbre le service du dimanche, néanmoins il n'est personne qui ne parle anglais. George Rapp, le fondateur et jusqu'à sa mort le chef de la société d'Harmonie, naquit en Wurtemberg (1757). Fils de fermier, il reçut l'instruction élémentaire qui est donnée dans son pays aux gens de cette condition ; à l'âge de vingt-six ans, il se maria, et eut deux enfants appelés plus tard à devenir membres de sa société. Rapp avait dès sa plus tendre jeunesse aimé passionnément la lecture, et faute d'autres livres étudié la Bible. Comparant la condition du peuple au milieu duquel il vivait avec l'ordre social décrit dans l'Ancien-Testament, il se sentit indigné de la tiédeur des églises chrétiennes ; en 1787, il avait déjà pris l'habitude de prêcher dans sa propre maison pour une congrégation d'amis. Le clergé dénonça Rapp et ses adhérents, bien qu'ils eussent soin d'obéir à la loi et de mener la vie la plus régulière sous tous les rapports, ne se réservant que la liberté de conscience. Ils furent persécutés, ce qui est toujours le meilleur moyen d'exalter la ferveur religieuse ; la prison, les amendes, firent si bien leur œuvre cette fois qu'en 1803 Rapp réunissait autour de lui trois cents familles décidées à le suivre en Amérique pour y adorer Dieu à leur guise.

Trois cents de ses adeptes débarquèrent à Baltimore, où il les avait précédés, puis trois cents autres à Philadelphie ; le reste fut entraîné dans le comté de Lycoming (Pensylvanie) par Holler, l'un des compagnons de Rapp. Les six cents fidèles qui restaient à ce dernier étaient pour la plupart des fermiers et des artisans, gens économes, possédant quelque bien ; ils mirent par la suite leurs épargnes en commun, mais jusqu'au 15 février 1805 chaque famille resta distincte. Rapp avait alors quarante-huit ans, c'était un homme industrieux, entreprenant et sage ; les cabanes se construisirent, la terre se défricha vite sous sa direction. Dès la seconde année, les rappistes eurent cette distillerie modèle dont le whisky devint célèbre dans l'ouest, bien que ceux qui le fabriquaient n'en fissent guère usage ; leurs laines, leur huile de pavot, leurs céréales, acquirent une prompte renommée. Rapp, secondé par son fils adoptif Frédéric, homme d'une intelligence remarquable, organisait le travail. Jusqu'à l'année 1807, le mariage exista dans la société ; mais sous l'empire d'une recrudescence de ferveur les plus jeunes membres résolurent d'un commun accord de renoncer à, toutes les satisfactions charnelles. Le père Rapp donna l'exemple du célibat volontaire, ainsi que son fils John, qui, marié depuis peu, vécut désormais avec sa femme comme frère et sœur. Depuis lors il ne naquit plus un seul enfant dans la société d'Harmonie. Ceux qui ne se sentaient pas la vocation nécessaire rompirent avec les rappistes, les autres suivirent fidèlement le précepte de l'apôtre : « frères, le temps est court, que ceux qui ont des femmes vivent comme s'ils n'en avaient point. » M. Henrici, le chef actuel d'Économie, dit à M. Nordholï que depuis cinquante ans il en était ainsi sans qu'aucune surveillance ni aucune sauvegarde eussent été nécessaires, les anciens époux continuant d'habiter la même maison. « Quand il faut de la surveillance, ajouta-t-il, autant y renoncer, c'est toujours inutile ; nous comptons sur la force des convictions et de la prière. »

Tous ces célibataires, comme les *shakers*, atteignent la vieillesse sans infirmités ni maladies. Le père Rapp lui-même vécut jusqu'à quatre-vingt-dix ans. La partie de la Pensylvanie où ils s'étaient fixés étant peu favorable à la culture de la vigne, outre que les communications par eau avec le monde extérieur manquaient absolument, les rappistes se transportèrent dès 1814 dans l'Indiana, sur les bords du Wabash, où leurs richesses s'accrurent et aussi leur nombre, grâce à l'émigration, qui leur amena des adhérents. De fréquentes épidémies et de mauvais voisins furent cause cependant qu'en 1824 le père Rapp vendit la colonie du Wabash à Robert Owen, le réformateur anglais, philanthrope et *bienveillant*,[1] qui essaya d'y acclimater sa théorie de l'irresponsabilité morale. Il est remarquable que ce pays, si florissant naguère sous une règle religieuse nettement définie, devint aussitôt, régi par le communisme pur et simple, qui rejette l'idée du devoir, un repaire de mendiants, de vagabonds et de malfaiteurs, que leur chef fut forcé d'abandonner après deux années environ d'efforts inutiles.

Pour en revenir aux rappistes, une mesure importante avait été prise chez eux dès 1818 en vue d'affermir l'égalité entre les membres de l'association : le livre où s'inscrivaient jusque-là les fonds apportés par chaque membre fut brûlé. Depuis 1825, ils croient avoir trouvé leur demeure définitive, celle dont nous avons fait la des-

---

1 Robert Owen, auteur du *Livre du nouveau Monde moral*, prétendait remplacer les peines et les récompenses par l'unique bienveillance.

Thérèse Bentzon

cription : ils y créèrent des filatures, des moulins, des scieries, plantèrent des vignes, des vergers, et réussirent si merveilleusement dans la culture de la soie que les habits des dimanches furent bientôt de ce tissu pour les hommes comme pour les femmes.

Le père Rapp étant obligé de recevoir nombre d'étrangers de distinction, son peuple lui bâtit une maison plus vaste que les autres, entourée d'un beau jardin, ouvert à tous bien entendu, et où l'on put faire de la musique le dimanche. Dans ses *Voyages à travers l'Amérique du Nord 1825-1826*, le duc de Saxe-Weimar parle avec admiration de l'industrie et de la prospérité d'Économie et des chants délicieux d'une soixantaine de jeunes filles qui sont maintenant les vénérables sœurs rencontrées par M. Nordhoff.

Tout eût marché à souhait pour les rappistes, si en 1831 un aventurier allemand, Bernard Muller, qui se faisait appeler le comte de Léon, ne fût venu leur imposer sa présence et celle de quelques visionnaires qui l'entouraient. Ces brebis, en apparence Soumises à la règle, n'étaient au fond que des loups ravisseurs ; bientôt les plus étranges doctrines commencèrent à circuler dans la communauté, un schisme se produisit, et il fallut finalement avoir recours au vote pour reconnaître ceux qui tenaient à l'ancien ordre de choses. Ils formaient encore une importante majorité ; la société se débarrassa du comte de Léon et de ses partisans en leur payant 105,000 dollars. L'aventurier s'installa de l'autre côté de la rivière, professant aussi des principes communistes, mais-sans défendre le mariage. Il s'y prit de manière à perdre promptement l'argent donné par les harmonistes, et, après avoir échoué dans la tentative la plus illégale pour en obtenir d'autre, dut quitter le pays. Le comte de Léon mourut du choléra sur la Rivière-Rouge en 1833, la plupart de ceux qu'il avait séduits trouvèrent un refuge dans la communauté de Bethel (Missouri). — Quant aux fidèles enfants de Rapp, ils se tiennent prêts pour l'avènement du Christ. Longtemps ils pensèrent que leur fondateur ne mourrait pas avant le millénaire accompli. On a raconté que les dernières paroles du pauvre homme furent celles-ci, pleines d'une foi profonde : « je croirais mon dernier moment venu, si je ne savais que c'est la volonté du Seigneur que je vous présente tous, à lui. »

Ils comptent sur la rédemption finale de tout le genre humain, mais après des épreuves dont seront exempts ceux qui auront gardé pieusement le célibat. Leur service du dimanche, qui a lieu deux fois dans la journée, ne présente rien de particulier, sauf la séparation des sexes. Ils ont, outre les jours consacrés de Noël, du vendredi saint, de Pâques et de la Pentecôte, deux fêtes spéciales en automne, la rentrée de la moisson et la cène annuelle. Aux fêtes, ils se rassemblent pour chanter, prononcer des discours et assister à un banquet. La viande n'est pas exclue de leurs repas, au nombre de cinq ; quelques-uns seulement s'abstiennent de la chair du porc. Le vin et le cidre leur sont permis en quantité modérée ; ils poussent au plus haut degré l'amour des fleurs et celui de la musique, il n'y a presque aucun frère qui ne sache jouer de quelque instrument ; la danse est défendue. Les habitants d'Économie reçoivent les journaux et ont une bibliothèque, mais ils lisent surtout la Bible. Chacun de leurs enfants adoptifs, son éducation faite, apprend un métier. On donne à celui-ci ou celui-là des vêtements à mesure qu'il en a besoin. Le tailleur surveille l'état des habits, le cordonnier celui des chaussures, etc., en ayant soin que les frères soient toujours convenablement équipés.

Les harmonistes se croient le peuple élu de Dieu. Ils conservent une vénération profonde pour le père Rapp : « Devant lui, disent-ils, le mal ne pouvait subsister.

— Existe-t-il un monument à sa mémoire ? demanda M. Nordhoff.

— Oui, tout ce que vous voyez là autour de nous. « En effet, son souvenir est partout, bien que sa tombe soit semblable aux autres et qu'il ne reste pas même un portrait de lui. On le décrit comme un homme bien bâti, — il avait près de 6 pieds, — actif, d'une gaîté affable, causant volontiers, sans enthousiasme, un peu sec, très pratique, trouvant toujours le mot juste et souvent piquant pour chaque chose ; il passait sa vie soit aux champs, soit dans les fabriques, à encourager et à enseigner. Il avait appris la botanique, la géologie, l'astronomie, la mécanique ; mais le travail de la terre lui paraissait le meilleur remède aux maladies de l'âme et du corps : aussi l'agriculture est restée en honneur parmi les harmonistes, Très éloquent, il prêchait deux fois tous les dimanches et ne se reposa que les deux dimanches qui précédèrent sa mort ; encore lui arriva-t-il d'exhorter le peuple par la fenêtre de sa chambre. Les cérémonies et les distinctions lui étaient odieuses ; il s'asseyait pour prêcher, ne prescrivit jamais de costume particulier, et ne voulait

Thérèse Bentzon

dans les pratiques extérieures rien qui protestât contre le monde. Son influence était sans bornes : il visitait les malades, ensevelissait les morts, s'imposait toutes les fatigues et tous les sacrifices sans faste, simplement. Le résultat de ses leçons, c'est que les *économites*, comme on les nomme communément, sont fort considérés pour leur probité, leur bienfaisance et leurs sentiments patriotiques. Il n'y a pas de meilleurs citoyens, bien qu'ils ne votent jamais. Pécuniairement, leur entreprise a été couronnée du plus éclatant succès ; le dédain des richesses les a aidés à en acquérir de très grandes en les empêchant de se jeter dans des entreprises nouvelles et périlleuses. Ils ne se préoccupent point de ce qu'elles de viendront quand le dernier des vieillards qui composent la société se sera éteint. « Dieu nous conseillera, » répondent-ils aux questions qui leur sont faites. En attendant, ils se laissent, avec autant de soumission que de désintéressement, diriger par leurs administrateurs, Jacob Henrici et Jonathan Lenz. Il existe en outre un conseil de sept personnes parmi lesquelles on choisit ces administrateurs (*verwalter*).

Section III

La communauté qui se rapproché le plus des sociétés célibataires par l'ascétisme, bien qu'elle tolère le mariage, est celle des *inspirationistes* d'Amana. Ils existaient en Allemagne dès le commencement du siècle dernier ; ce sont des piétistes, et leur chef religieux, une femme pour le moment, est supposé leur parler sous l'inspiration directe de Dieu. En 1749, 1772 et 1776, il y eut parmi eux des manifestations toutes spéciales ; en 1816, Michel Krausert, tailleur à Strasbourg, devint ce qu'ils appellent un instrument (*werkzeug*) ; plusieurs autres partagèrent ce privilège avec lui, Philippe Mörschel, tisserand, Christian Metz, charpentier, et Barbara Heynemann, pauvre servante alsacienne. Metz, qui fut jusqu'à sa mort, en 1867, le chef spirituel de la société, a écrit le récit de tout ce qui se passa depuis le jour où il devint *instrument* jusqu'à celui où la congrégation se transporta dans l'Iowa, histoire assez peu édifiante, car il parait que Barbara fut à plusieurs reprises l'objet de sévères censures et même d'exclusion, ce qui ne l'empêcha pas ensuite d'être la coadjutrice de Metz et de rester après sa mort l'oracle d'Amana. Les inspirationistes, ayant reçu l'ordre céleste d'émigrer en Amérique, se fixèrent d'abord près de Buffalo (1842), où ils eurent beaucoup de peine à se défendre contre les Indiens ; leur colonie, nommée Eben-Ezer, n'en devint pas moins florissante à la longue ; ils vendirent ce désert, transformé en jardin, à d'autres émigrants de leur pays et prirent le chemin de l'Iowa (1855). Au nombre de 1,450, ils habitent maintenant sept villages où l'agriculture, les tanneries, les scieries et les fabriques de différentes sortes ont produit des résultats magnifiques. Les premiers inspirationistes étaient riches, plusieurs de leurs membres ayant versé à la fois de grosses sommes dans le trésor commun. En Allemagne, ils n'étaient pas communistes ; mais la nécessité d'assurer à tous les frères un certain bien-être les frappa bientôt et fut proclamée comme une révélation. Les sept villages d'Amana sont séparés les uns des autres par une distance d'un mille et demi environ ; chacun d'eux fabrique autant que possible tout ce qui est nécessaire aux besoins de ses habitants et à ceux des fermes du voisinage. Comme les quakers, les inspirationistes abhorrent les clochers ; l'église et l'école ne se distinguent des autres maisons, toutes propres et bien bâties, que par leurs plus grandes dimensions. On remarque aussi, comme plus vastes que les autres, les maisons où ont lieu les repas. Chaque famille a sa demeure séparée, mais un coup de cloche réunit hommes, femmes et enfans dans une même salle, à des tables distinctes ; on pense empêcher ainsi les conversations oiseuses et les manières libres. Ce sont les jeunes femmes qui font la cuisine sous la surveillance des matrones ; on porte leurs repas aux malades et aux personnes retenues par le soin de jeunes enfants. La chère est abondante : la bière, le vin, le tabac, sont permis. Le travail est organisé à peu près comme chez les trembleurs, réglé tous les soirs pour le lendemain. Les enfants des deux sexes vont à la même école de six à treize ans ; l'instruction est des plus élémentaires, on insiste surtout sur la Bible et le catéchisme, sans négliger la musique notée ; mais les instruments sont défendus. Les hommes portent des vestes boutonnées jusqu'au menton, les femmes des étoffes de couleur sombre taillées à la mode des paysannes allemandes ; elles emprisonnent leurs cheveux dans une sorte de béguin noir qui ne couvre que le chignon, et dissimulent leur taille au moyen d'un fichu, tout ornement leur est interdit ; elles sont, la prophétesse Barbara exceptée,

Thérèse Bentzon

tenues en médiocre estime et redoutées comme dangereuses à la paix de l'âme. Un précepte enjoint d'éviter tout entretien avec elles comme un aimant funeste, un feu magique. Aucun amusement, quelque innocent qu'il soit, ne réunit les jeunes filles et les jeunes garçons, ce qui n'empêche pas l'amour de se glisser dans la colonie d'Amana comme ailleurs. La plupart des hommes attendent impatiemment l'âge de vingt-quatre ans, avant lequel il ne leur est pas permis de se marier. Les noces sont célébrées avec toute l'austérité possible, et les nouveaux mariés descendent par le seul fait de leur union à la dernière des trois classes spirituelles entre lesquelles est répartie la société, quitte à mériter ensuite par leur ferveur de remonter au premier rang.

Le gouvernement civil d'Amana est entre les mains de treize administrateurs, élus chaque année par la partie masculine de la population et qui choisissent eux-mêmes un président ; cette administration s'occupe des finances et des affaires temporelles en général, mais n'agit qu'avec le consentement unanime de ses membres, qui individuellement n'exercent aucune autorité spéciale. Les anciens, désignés par inspiration, président les assemblées religieuses ; ce ne sont pas nécessairement des vieillards, mais ce sont des hommes vertueux entre tous. Quiconque s'abandonne tout entier et toute sa vie à la volonté de Dieu reçoit le Saint-Esprit en échange ; telle est la foi profonde des sectaires d'Amana. Ils se recrutent surtout parmi les luthériens, cependant ils comptent aussi des catholiques et plusieurs Juifs ; ils sont trinitaires, croient à la justification par la foi, à la résurrection des morts, au jugement dernier, mais non pas aux peines éternelles, se dispensent du baptême et célèbrent solennellement la cène à intervalles irréguliers, selon que l'inspiration le leur commande.

Ceux que l'inspiration saisit sont parfois rudement secoués par un mouvement intérieur avant de prendre la parole ; ils ne s'adressent pas toujours à la congrégation en général, ils parlent souvent à telle ou telle personne pour l'accuser ou l'exhorter. Les avertissemens, les leçons et les prophéties des *instrumens* sont imprimés annuellement et composent avec la Bible une nombreuse collection d'hymnes et deux catéchismes, l'un pour les enfants, l'autre pour les adultes ; c'est toute la bibliothèque d'Amana. Les mercredis, samedis et dimanches matin a lieu une assemblée religieuse, puis d'autres réunions chaque soir de la semaine ; il y a, outre l'église, des maisons de prière. Les cérémonies du culte sont des plus simples, accomplies avec un extrême recueillement qui se joint à une précision quasi militaire. Chacun prie à son tour. Noël, Pâques et la semaine sainte sont leurs grandes fêtes ; au moins une fois l'an, les anciens font une enquête générale et très minutieuse pour constater l'état spirituel de la société. Chaque membre est examiné à fond ; s'il a péché, on l'exhorte au repentir ; s'il retombe dans la même faute, il est expulsé, de sorte qu'on peut dire qu'aucun vice grave n'existe à Amana. M. Nordhoff ayant demandé quel était le châtiment des ivrognes, on lui répondit que personne n'avait eu à y penser, l'ivrognerie étant inconnue.

Nous avons dit que les repas se prenaient en commun. Chaque membre reçoit pour ses vêtements une somme déterminée selon son âge et son emploi. Là-dessus, les plus économes trouvent moyen d'épargner ; on le vit au moment de la guerre de sécession, où la société contribua généreusement à toutes les œuvres en faveur des blessés. Ils s'achetèrent des remplaçants militaires à cette époque, mais se le reprochent, ne devant contribuer à rien de sanguinaire et se retirer en général de toutes les affaires publiques.

Un grand nombre d'adhérents leur arrivent sans cesse d'Allemagne ; ils ont une caisse pour aider au transport des émigrants, mais, tenant à être considérés comme une communauté religieuse plutôt qu'industrielle, ne reçoivent de nouveaux membres qu'après un examen approfondi et des épreuves de deux ans, à moins que l'inspiration ne s'en mêle.

Somme toute, ce sont d'honnêtes gens, des fermiers émérites, appartenant pour la plupart aux classes inférieures, d'une intelligence médiocre, prudents, rigides et satisfaits de peu, si c'est peu de chose que l'égalité absolue, la sécurité du lendemain et l'absence d'un maître. Il faut croire que les Allemands estiment ces biens-là plus que tout autre peuple, car le communisme prospère entre leurs mains d'une façon toute particulière. Nous les retrouvons à Zoar, dans le comté de Tuscarawas, Ohio, sous le nom de *séparatistes*. Ils ont bâti leur première cabane en 1817 sous les ordres de Joseph Bäumeler, qu'ils avaient choisi pour chef après douze ans de persécution au Wurtemberg, où ils se refusaient à servir comme soldats et à envoyer leurs enfants aux écoles contrôlées par le clergé.

Leur misère était telle en arrivant qu'ils durent pour vivre servir dans les fermes du voisinage ; mais de faibles ressources réunies deviennent vite une force. — Jamais, dit un vieillard à M. Nordhoff, nous n'eussions pu payer notre terre, si nous n'avions formé une communauté. — D'abord ennemis du mariage, les séparatistes le tolèrent sans l'approuver depuis 1828 ou 1830. Ils occupent maintenant plus de sept mille acres d'un pays fertile, outre des terres qu'ils ont dans l'Iowa, mènent à bien nombre d'industries, possèdent en résumé plus d'un million de dollars, quoiqu'ils ne soient que trois cents membres mystiques, inoffensifs et fervents, ennemis de toutes cérémonies, qu'ils considèrent comme idolâtres quand elles ne s'adressent pas à Dieu. Ils ne se découvrent point la tête, tutoient tout le monde, n'admettent que le prénom, qu'on ne peut appeler nom de baptême, puisque les sacrements ne sont pas en usage chez eux, n'acceptent aucune constitution ecclésiastique, se marient sans l'intervention d'un prêtre et toujours entre membres de la communauté, sous peine d'expulsion, n'ont point de prédicateurs, et, tout en se réunissant trois fois le dimanche pour chanter et pour lire, ne prient jamais publiquement ni à haute voix. Leur principal administrateur, Jacob Ackermann, les dirige depuis plus de trente ans au point de vue temporel, et il est merveilleux de voir à quel résultat des gens pauvres et vulgaires sont parvenus avec de si faibles moyens. Zoar ne se distingue point par la minutieuse propreté des villages de trembleurs ; on y sent l'absence absolue d'idéal élevé, mais une prospérité matérielle en rapport avec les goûts humbles et restreints des citoyens qui l'habitent.

Peut-être le secret du succès des Allemands dans les entreprises communistes tient-il à leurs aspirations bornées, à leur ignorance de tout ce qui est élégant et raffiné, à la grossièreté de leurs appétits, aisément satisfaits et plus faciles à contrôler que les besoins complexes des autres peuples. Sauf Économie, il n'est pas une communauté allemande qui ait la moindre prétention à cette beauté relative qui résulte de l'ordre et de la symétrie ; il faut accorder d'ailleurs aux *Dutch*, comme on les appelle dans le pays, un grand empressement à subordonner la volonté individuelle au bien général. Leurs communes jumelles d'Aurora et de Bethel, l'une dans l'Oregon, l'autre dans le Missouri, ont surabondamment prouvé cette qualité. On se demande quel lien peut réunir depuis trente ans des communistes séparés par de grandes distances, sans règle spéciale, et dont le seul principe est que tout gouvernement doit être paternel comme celui de Dieu, chaque société formée sur le modèle de la famille avec tous ses intérêts, tous ses biens en commun. Du reste ils vivent exactement comme leurs voisins du monde, tiennent le mariage en estime, font du dimanche un jour de tranquille récréation, n'ont pas d'heures de travail précises et obligatoires. C'est une des bases de leur politique qu'aucun homme ne doit s'adonner à un seul métier, l'économie est leur vertu de prédilection ; protestants, ils assistent deux fois par mois seulement à un service religieux célébré selon le rite luthérien. Jusqu'en 1872, toutes leurs propriétés étaient au nom de leur fondateur, le docteur Keil ; celui-ci, devenu vieux, fit un partage entre les familles, remettant à chacune un titre ; elles n'en travaillent pas avec moins de zèle depuis lors à la prospérité commune. Si une famille se réserve un peu de miel ou de fruit et le vend à son propre profit au lieu de s'en nourrir, c'est ordinairement pour acheter soit du tabac, soit quelque autre douceur, et cette irrégularité, dont personne n'abuse, est tacitement tolérée. Bref, rien n'est absolument défendu, ce qui n'empêche pas les mœurs d'être austères.

Depuis la fondation de la colonie (1844), il n'est pas sorti de son sein un criminel ni un mendiant ; on ne peut citer aucun procès. La vie intellectuelle est absolument nulle, bien qu'il existe une école ; mais les fermiers environnants admirent Bethel et Aurora comme des modèles de prospérité, des paradis dans leur genre. Chaque citoyen est libre de reprendre son argent et de s'en aller ; néanmoins les désertions sont rares ; sans doute l'influence extraordinaire qu'exerce sur eux le docteur Keil contribue à les retenir. C'est un Prussien dont les idées étroites s'appuient sur une volonté de fer. Après s'être occupé de commerce, de médecine, de magnétisme, il s'avisa de devenir réformateur, commença par défricher le pays nouveau qui devint Bethel, puis en 1855 émigra vers l'Oregon avec une partie de ses adeptes, en laissant derrière lui un président et prédicateur de son choix, M. Giese. A Aurora, il est à la fois le chef spirituel et temporel, l'autocrate à vrai dire, ses conseillers, quatre vieillards, étant nommés par lui-même. Son unique enseignement tend à mettre la vie humaine en harmonie avec les lois naturelles,

Thérèse Bentzon

à tout laisser entre les mains du Père céleste, et à supporter les épreuves de ce monde sans fracas, sans inquiétude, sans regrets inutiles. A ce prix, dit-il, on est un homme.

Section IV

Un chef vénéré, une croyance religieuse, quelque simple qu'elle soit, voilà pour toute commune les conditions de succès indispensables. Le communisme démocratique rationnel, qui prétend se passer de foi et d'obéissance, ne parait pas avoir réussi en Amérique, bien que les disciples de M. Cabet aient renouvelé depuis 1848 une partie de l'expérience de Robert Owen. Le premier tort de M. Cabet fut de fonder sa société sur le crédit, oubliant que les dettes sont une condition certaine de ruine. M. Cabet, avocat français devenu homme politique, membre du corps législatif, écrivain et journaliste, est moins connu pour son *Histoire de la révolution* que pour de nombreuses brochures dans le goût de Fourier et la description chimérique d'une prétendue terre promise qu'il essaya par la suite de fonder dans le Texas. Au lieu des délices annoncées, ses premiers partisans ne trouvèrent que la fièvre jaune sur les bords de la Rivière-Rouge (1848). En 1850, Cabet transporta son phalanstère à Nauvoo, que les mormons venaient d'abandonner. Nauvoo ne devait être qu'un point de rassemblement d'où les icarieos se répandirent dans les déserts de l'Iowa, où ils cultivent aujourd'hui 1,936 acres de terre près de la station de Corning, sur le chemin de fer du Missouri. Si leur chef eût été un homme de la trempe des Rapp ou seulement des Keil, il eût probablement réussi dans son entreprise, car il avait l'élément de succès principal, un grand nombre d'adeptes. Les dupes que d'incessantes tirades sur l'exploitation du pauvre par le riche attirèrent à Nauvoo furent un instant au nombre de 1,500. Avec 1,500 hommes laborieux et résolus, M. Cabet aurait pu accomplir de grandes choses en commençant par l'essentiel, une direction sage et suivie imprimée au travail ; mais, au lieu d'assurer du pain à ses disciples, il perdit le temps à écrire ses tapageuses réclames et à rêver l'impossible : l'enseignement supérieur, les théâtres, le bien-être, les plaisirs de toute sorte. Par une dérision amère, l'Icarie est le séjour même de la misère, courageusement supportée du reste. Des utopistes obstinés au nombre de soixante-cinq, Français pour la plupart, s'y consolent de tout en disant : « Nous sommes libres, nous ne servons personne, nous faisons ce qui nous plaît. » Le mariage obligatoire, l'abolition de la servitude, le partage des biens comme entre frères, le règne de la majorité, forment leur seule loi ; la religion n'y a point de part, le dimanche n'est qu'un jour de repos et d'amusement. Ils nomment un président chaque année ; mais ce président, qui n'a d'autre rôle que d'obéir à la société, ne pourrait vendre un boisseau de blé sans permission. Les femmes ont le droit de se mêler aux débats, mais non de voter ; les familles sont peu nombreuses. Le résultat de cet ordre de choses est visible : des chemins mal tenus, des cabanes sordides, au milieu desquelles commencent à se dresser cependant quelques maisons pauvres, des sabots, des repas mal servis dans la salle commune. Les plus mauvais jours sont passés sans doute pour les icariens ; quelques enthousiastes leur prédisent même un avenir prospère, mais leur colonie n'en reste pas moins quant à présent la dernière des sociétés communistes. Les dettes, l'esprit de spéculation et l'absence d'une autorité centrale absolument respectée ont amené aussi dans l'Illinois la chute de la commune suédoise de Bisbop Hill, qui s'appuyait d'ailleurs sur des principes religieux très fermes. De 1846 à 1862, ses membres prospérèrent, triomphant de la fièvre des prairies, remplaçant peu à peu les tentes et les cabanes par de bonnes constructions de brique, défrichant, construisant des ponts, élevant le plus beau bétail de l'état. Ils furent un instant au nombre de mille. Vers 1859, la jeunesse perdit de vue le but religieux et demanda plus de distractions, une discipline moins sévère ; comme il y avait des dettes, une complète désorganisation s'ensuivit. Les seules sociétés communistes vraiment fortes sont celles qui, évitant le crédit, vivent au point de vue financier comme si elles devaient se disperser d'un jour à l'autre. Aucune peut-être n'a réussi commercialement comme celle des *perfectionnistes*.

Cette société, dite du *libre amour*, est bien connue déjà en Europe, grâce au soin insolite qu'elle met à rendre publics par l'entremise de la presse ses actes et ses tendances, grâce surtout peut-être à certaines particularités scandaleuses qui piquent la curiosité en rappelant les mœurs mormonnes et la Cité du soleil de Campanella. Dans le partage égal de tous les biens de ce monde, les perfectionnistes ne se sont pas même réservé la famille ; femmes et enfants

Thérèse Bentzon

sont en commun, avec des restrictions toutefois qui empêchent cette règle d'être aussi favorable au sensualisme qu'on pourrait le supposer d'abord. Le mariage complexe, où se combinent avec une audace sans précédent la polygamie et la polyandrie, autorise tout homme et toute femme faisant partie de la société à cohabiter librement après avoir obtenu le consentement l'un de l'autre non pas dans des entretiens particuliers, mais par l'intervention d'un tiers. L'attachement exclusif de deux personnes serait considéré comme idolâtrie et rompu au moyen de la critique, qui remplace chez les perfectionnistes la confession et l'enquête, jugées nécessaires par toutes les autres sectes pour s'assurer de l'état spirituel de leurs membres. M. Nordhoff put assister à l'une de ces scènes de *critique*. Un jeune homme prit place sur la sellette, M. Noyés, le chef de la communauté, étant présent, et une quinzaine de témoins déposèrent contre lui, les uns l'accusant d'indifférence religieuse, les autres d'orgueil, de délicatesse pour la nourriture, de préférences déplacées, etc.. L'accusé, fort pâle et silencieux, écouta la tête basse pendant une demi-heure ce réquisitoire, qui fut ensuite relevé par M. Noyés. Celui-ci dit sa propre opinion concernant le jeune homme, et, sans atténuer aucun de ses défauts, rendit hommage à un triomphe qu'on l'avait vu remporter sur lui-même en consentant à se laisser remplacer par un autre auprès de la femme qu'il avait le tort d'aimer exclusivement, et qui allait mettre au monde un enfant de lui. — Cet aperçu des devoirs d'un perfectionniste peut se passer de commentaires.

La société est d'origine américaine, bien qu'elle compte quelques membres anglais. Son fondateur, qui la dirige encore, J.-H. Noyés, appartient à une bonne famille du Vermont. Né en 1811, il étudia d'abord la loi, puis la théologie, avec l'intention de devenir missionnaire. Un de ces *revivals* féconds en miracles, d'où semblent sortir en Amérique toutes les tentatives de réforme, le mit sur la voie d'un nouveau moyen de salut qui prit le nom de *perfectionnisme*. C'était en 1834. Il revint à Putney dans le Vermont, où son père était banquier, prêcha, écrivit dans cette ville, et réussit à épouser la petite-fille d'un membre du congrès, Henriette Holton, convertie à son étrange doctrine. En 1846, cette doctrine, ayant été proclamée ouvertement, souleva la populace au point que les nouveaux sectaires durent se retirer dans le comté de Madison, près de New-York. Là, ils commencèrent à vivre en communauté très pauvrement sur quarante acres de terre ; d'autres communautés de perfectionnistes se formèrent en différents lieux, mais furent englobées finalement par la colonie-mère d'Oneida. Wallingford seul garda une existence distincte, bien que dépendante. A force de courage et de persévérance, les disciples de Noyés surmontèrent les premières difficultés pécuniaires ; ils s'étaient adonnés, comme les *shakers*, à l'agriculture et à l'horticulture, sans préjudice néanmoins des fabriques, qui s'élevèrent peu à peu et furent bientôt renommées pour la supériorité de leurs produits. Aujourd'hui ils sont essentiellement manufacturiers.

En 1857, ils firent leur premier inventaire annuel et trouvèrent qu'ils *valaient* un peu plus de 67,000 dollars ; en 1874, ils valaient plus d'un demi-million de dollars, bien que leur nombre ne fût encore que de 283. Beaucoup d'hommes, par une aberration de jugement inouïe, ont amené avec eux leurs femmes et leurs filles. Les membres les plus âgés s'arrogent le droit de favoriser telle ou telle union, rapprochant autant que possible les jeunes gens d'un sexe des personnes plus mûres de l'autre. La propagation des enfants est réglée d'après des principes scientifiques ; on laisse les nourrissons à leur mère, mais aussitôt sevrés ils subissent l'éducation commune. C'est la loi inflexible d'une secte qui prétend être chrétienne ; elle tient en effet à la Bible, au Christ comme fils éternel de Dieu, aux apôtres et à la primitive église, professe que le second avènement du Christ coïncida avec la destruction de Jérusalem, et que le royaume de Dieu commença dès lors dans le ciel, que la manifestation de ce royaume au monde visible approche, et qu'une église s'élève pour le représenter ici-bas, en attendant qu'elle le rejoigne là-haut. Sans être spirites comme les trembleurs, les perfectionnistes croient à l'inspiration directe de Dieu et des bons esprits ; l'un des plus glorieux privilèges qu'ils revendiquent est celui de pouvoir guérir par la foi ; le communisme est à leurs yeux « l'état social de la résurrection, » et la base de leur réforme est de faire son salut ; ils aspirent à une vie sans tache, mais, pour atteindre ce but, emploient, il faut le dire, de singuliers moyens. Leurs pratiques religieuses sont fort simplifiées ; ni sacrements, ni prédication, ni cérémonies d'aucune sorte ; le dimanche même n'est point observé, sous prétexte que chaque jour est au Seigneur ; point de prières à

Thérèse Bentzon

haute voix ; en revanche, ils lisent beaucoup la Bible et la citent à tout propos. Leur système administratif est ingénieux, ils ont vingt et un comités pour la distribution des dépenses, les devoirs de l'administration sont partagés en outre entre quarante-huit départements, et ces rouages compliqués en apparence marchent avec une précision admirable ; c'est une femme pourtant qui dirige la tenue des livres, au moyen desquels on peut se rendre compte des profits ou de la perte dans chaque branche d'industrie aussi bien que du coût de tout ce qui se consomme.

Le dimanche matin, on discute en conseil (*business board*) les affaires de la semaine précédente, un secrétaire prend des notes sur les diverses propositions, et le soir son rapport est examiné dans un nouveau conseil. Tous les projets approuvés par la majorité sont exécutés ; une fois par an, le travail des. douze mois est détaillé comme celui de la semaine ; an commencement de chaque année a lieu l'inventaire. Après le 1ᵉʳ janvier, le comité des finances reçoit les estimations, c'est-à-dire que quiconque a un projet en tête le soumet, accompagné d'un devis qui permet de juger s'il est conciliable avec les ressources de la société. Les femmes sont membres des comités comme les hommes, et les aptitudes de chacun trouvent leur emploi.

Les perfectionnistes font grand usage de la presse, et leur journal, l'*Oneida Circular*, est répandu de tous côtés dans le monde ; il est bien rédigé d'ordinaire et intéressant par la franchise avec laquelle il expose les théories de la secte. Les annonces sont de curieuses pièces humoristiques ; en voici quelques échantillons : *chambres à louer* — dans les nombreuses demeures que le Christ a préparées à ceux qui l'aiment.

Aux affligés, — le *vin* et le *lait* pour ceux qui ont faim, le *repos* pour ceux qui sont fatigués, les *consolations* pour blessés de tout genre, — gratis au magasin du Fils de Dieu.

Restaurant magnifique, — au mont Sion, etc.

L'habitation commune de la *famille* a quelques prétentions architecturales et est merveilleusement aménagée, chauffée à la vapeur, bien meublée sans affectation de luxe ni d'excessive simplicité ; elle renferme des bains, des salles de spectacle et de musique, un parloir, une salle à manger commune, de nombreuses chambres à coucher parmi lesquelles il y a deux dortoirs pour les enfants, et des appartements séparés pour ceux à qui leur âge avancé permet la solitude, une bibliothèque de 4,000 volumes. Les bureaux, l'école, les boutiques, la buanderie, sont en face de cette maison, à un mille plus loin se trouvent les fabriques. Les fermes peuvent passer pour de véritables modèles.

Sauf les enfants, qui dorment autant qu'ils veulent, chacun se lève entre cinq et sept, heures et demie ; toutes les minutes sont employées sans que personne toutefois ait à descendre désormais aux gros ouvrages confiés à des travailleurs gagés qui se louent fort de leurs patrons. Les habitudes invétérées étant en abomination, l'heure et le nombre des repas sont fréquemment changés. On n'y permet pas l'usage des spiritueux, la viande n'est servie que deux fois par semaine. Au moyen d'un tableau accroché dans une galerie, chacun sait aussitôt où trouver tel ou tel membre ; une cheville placée en face du nom l'indique. Les hommes sont habillés selon nos modes, mais simplement, ils ne fument pas ; les femmes ont de larges pantalons, une jupe qui s'arrête au-dessus du genou et les cheveux courts ; c'est commode et décent, mais assez laid. On appelle les hommes monsieur, les femmes mademoiselle, à moins qu'elles n'aient été mariées avant leur initiation.

Les manières des perfectionnistes sont douces et polies ; une gaîté tranquille règne parmi eux. M. Nordhoff crut remarquer cependant que les enfants, tous robustes et bien soignés, manquaient de cette expansion si naturelle à ceux qui ont été l'objet de la tendresse exclusive du père et de la mère. « Un homme ou une femme, dit-il, peut s'accommoder de faire partie d'une grande machine sociale, mais c'est plus dur pour un enfant. Ceux-ci m'ont fait penser aux petits poulets éclos par des moyens artificiels, et qui n'ont connu qu'une couverture au lieu de l'aile maternelle. » L'école est bonne, on y apprend l'histoire, la grammaire, le latin, le français, la géologie, la musique. La famille envoie ses sujets les plus distingués à New-York pour des études spéciales ; la mécanique est cultivée avec un grand succès ; du reste il est merveilleux de voir combien chacun des communistes, qui n'aurait peut-être jamais eu les mêmes talents dans le monde, devient vite, sous l'influence d'un genre de vie particulier, ingénieux, inventif, habile en toutes choses. Les enfants des perfectionnistes abandonnent rarement la société ; depuis l'origine, un seul membre a mérité d'être expulsé.

M. Nordhoff trace le tableau d'une soirée chez ces promoteurs du libre amour. Il montre une vaste galerie où les femmes sont assises autour de nombreuses tables rondes, occupées d'ouvrages d'aiguille, d'autres dispersées par groupes ; on chante des hymnes, on lit le rapport des travaux, quelques extraits amusants des journaux qui excitent le rire ; la danse et tous les jeux sont permis, sauf les cartes. Les conversations roulent généralement sur des questions religieuses et se terminent par des professions de foi. Voici le tour habituel des hymnes d'Oneida : un homme chante en regardant sa voisine,

« Je vous aime, ô ma sœur,

Mais l'amour de Dieu est meilleur.

L'amour de Dieu vaut mieux que tout ! »

A quoi la sœur répond :

Je vous aime, ô mon frère, etc.

Puis toutes les voix répètent en chœur :

« Oui, l'amour de Dieu est meilleur,

Alléluia, alléluia !

L'amour de Dieu vaut mieux que tout. »

On voit que leur littérature n'est pas des plus élevées : elle suffit à des aspirations nécessairement assez vulgaires ; le beau est éliminé de toute organisation communiste, laquelle ne donne d'essor ni aux plus grandes passions, ni aux plus hautes facultés de la nature humaine, c'est toujours la loi des égaux : retrancher rigoureusement ce qui n'est pas communicable à tous. Aussi est-il douteux que des intelligences exquises et cultivées puissent jamais se plier à ce régime ; on cite pourtant dans le Kansas la commune de Cedar-Vale, où un petit noyau de Russes de distinction, des savants, des artistes, des lettrés, matérialistes pour la plupart, ayant accepté la pauvreté volontaire, est venu essayer de la vie naturelle. Il s'est joint à lui un élément tout opposé quant aux principes, mais tendant à un même but ; ce sont des spiritualistes américains, médecins, *clergymen*, etc. Une dame russe remarquablement jolie et aussi dévouée qu'enthousiaste a partagé cette lutte héroïque livrée au nom de la liberté. Il y a aussi non loin d'Oneida, sur les bords

du lac Erié, la commune de Brocton, fondée par le poète spirite
Lake Harris,[1] qu'est allé rejoindre Laurence Oliphant, l'auteur célèbre de *Piccadilly*,[2] écrivain, diplomate et membre du parlement
d'Angleterre. Ayant fourni avant l'âge de trente-sept ans la carrière
la plus brillante, ce missionnaire du grand monde s'est enseveli,
à l'exemple, des premiers chrétiens, dans une Thébaïde, et dé-
friche aujourd'hui au nom du Seigneur le sol de sa nouvelle pa-
trie. Sa mère, lady Oliphant, suit la même voie. Parmi les soixante
membres adultes de cette communauté qui a loué, ne pouvant suf-
fire seule au travail de la terre, un corps de laboureurs suédois,
on compte cinq ecclésiastiques, plusieurs Japonais et des dames
américaines de haut parage ralliées à des doctrines mystiques éga-
litaires, dont la philosophie de Swedenborg forme le fond ; toutefois ces deux sociétés de Cedar-Vale et de Brocton, quelque inté-
ressantes qu'elles soient, existent depuis si peu d'années qu'il serait
téméraire de parler des résultats qu'elles ont obtenus ; elles nous
font penser malgré nous au roman socialiste subtil et bizarre de
Hawthorne, *the Blithedale romance*, où une poignée d'utopistes,
de charlatans, de poètes, d'excentriques et de martyrs se lancent à
la poursuite d'un fantôme qui les entraîne dans de burlesques ou
tragiques aventures.

On ne joue pas avec le communisme. Ce n'est au fond qu'une
révolte contre la société ; pour rester inoffensive, elle doit être
conduite par des utilitaires. Or ceux-ci s'appliquent avant toute
chose à niveler les intelligences et la volonté, à effacer l'individu,
à le traiter comme une machine ; parler de liberté ou seulement
de l'indépendance la plus légitime serait dérisoire, il faut s'attendre
d'avance à des privations qui ne sont tolérables que si on les accepte
comme moyen de salut et en vue d'une éternelle récompense ; il
faut obéir aveuglément, renoncer même au for intérieur, au droit
précieux d'être jamais seul. Vous n'êtes qu'un grain de sable de
l'édifice, vos supérieurs ont le droit de connaître votre plus secrète
pensée, de savoir où vous trouver à chaque instant du jour. Bref,

---

1 L'auteur de *a Lyric of the Morning Land, an Epic of the starry Heaven*, etc., et
d'autres œuvres qui n'ont que le tort de s'intituler poésie surnaturelle, car il y passe
souvent un souffle de génie très personnel, bien que le poète s'imagine écrire « sous
la dictée de Byron, de Shelley, de Keats ou d'Edgard Poe.
2 Satire énergique et pétillante d'*humour* contre la société anglaise. M. Oliphant a
écrit aussi de très intéressants voyages.

Thérèse Bentzon

vous subissez la loi monastique avec des soucis matériels inconnus dans les cloîtres. Remarquons du reste que les trembleurs, les rappistes et les inspirationistes d'Amana, ceux qui se rapprochent le plus des communautés catholiques du vieux monde, ont donné aux États-Unis les meilleurs exemples de vertu et de prospérité. Il est probable au contraire que la fortune d'Oneida cessera avec la vie de son chef Noyés. Oneida et Wallingford représentent plutôt une vaste corporation manufacturière qu'une commune dans le vrai sens du mot, puisque les perfectionnistes n'agissent guère que comme contremaîtres à la tête de travailleurs payés.

Il ressort des notes de M. Nordhoff, prises avec autant de soin que d'impartialité, produites sans déguisement et sans commentaires, 1° que les communistes américains sont supérieurs aux fermiers et aux artisans du même pays par l'ordre, la méthode, l'économie, et donnent à d'humbles travaux une dignité qu'ils n'ont point ailleurs, 2° que leurs divers systèmes rendent l'oisiveté impossible, les paresseux se trouvant eux-mêmes forcément poussés par cet engrenage inexorable. Depuis près d'un siècle que leur existence a commencé, ils n'ont eu rien à démêler avec les tribunaux ; leur probité est proverbiale, ils pratiquent tous la bienfaisance, et ne peuvent être taxés de fanatisme ; sauf chez les perfectionnistes enfin, leur morale reste irréprochable aux yeux du monde. Ce qui est en outre évident, ce sont les avantages matériels qu'ils trouvent au « foyer unitaire, » leurs facilités toutes spéciales pour l'éducation des enfants, éducation primaire bien entendu, — il ne faut établir ici, une fois pour toutes, de comparaison qu'avec les classes laborieuses, que ces communes dominent de toute la hauteur de leur industrie, de leurs aspirations spirituelles et de leur prospérité temporelle. Le nombre en augmente sans cesse : l'année dernière encore une nouvelle société, dite de *Social freedom*, s'est formée dans la Virginie. Espérons qu'elles renonceront peu à peu au système d'isolement qui existe chez la plupart d'entre elles, et que les trembleurs surtout, ces frères moraves des États-Unis, livreront leur ingénieuse organisation à l'étude et à l'imitation des travailleurs du dehors. L'Europe, cela va sans dire, n'aura rien à leur emprunter, sous peine de retomber dans des erreurs depuis longtemps vouées à l'exécration et au ridicule ; ce n'est pas dans un pays où les grands centres de population sont rapprochés les uns des autres, où le luxe est devenu un besoin comme inévitable résultat des richesses acquises, où la propriété enfin repose sur une base solide consacrée par les siècles, que le communisme peut exister ailleurs qu'à l'ombré des cloîtres. L'excellente leçon, fondée sur l'expérience, qui se dégage du livre de M. Nordhoff s'adresse aux pionniers, aux émigrants de tous les pays. Elle leur prouve que le travail de colonisation doit gagner à être au moins coopératif, et que, fût-ce pour quelques années seulement, les nouveau-venus dans un pays inculte font bien de mettre leurs efforts en commun, quitte à se partager ensuite le résultat de ces efforts réunis.

ISBN : 978-1544154978

Thérèse Bentzon